J.F. LOUIS MERLET

TROIS ARTISTES :

J.-FRANCIS AUBURTIN

E.-ANTOINE BOURDELLE

CHARLES COTTET

PARIS

1912

SOCIÉTÉ DE L'ÉDITION
LIBRE, 15, Rue Decamps
XVIᵉ

DU MÊME AUTEUR

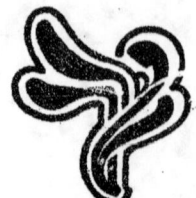

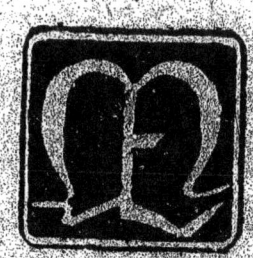

Cet ouvrage est dédié à la

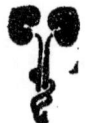 SOCIÉTÉ FRANÇAISE

DE L'ART A L'ÉCOLE

— PARIS —

L'Ecole saine, rationnellement construite et
meublée, attrayante et ornée.

Formation du goût par le décor ; initiation
de l'enfant à la beauté des lignes, des
couleurs, des formes, des mouvements et des
sons.

De ces trois études
furent tirées
trois conférences faites
par l'Auteur,
dans les Ateliers des
Artistes, en 1911 et
1912, pour la
Société Française de
L'ART A L'ÉCOLE

J.-FRANCIS AUBURTIN

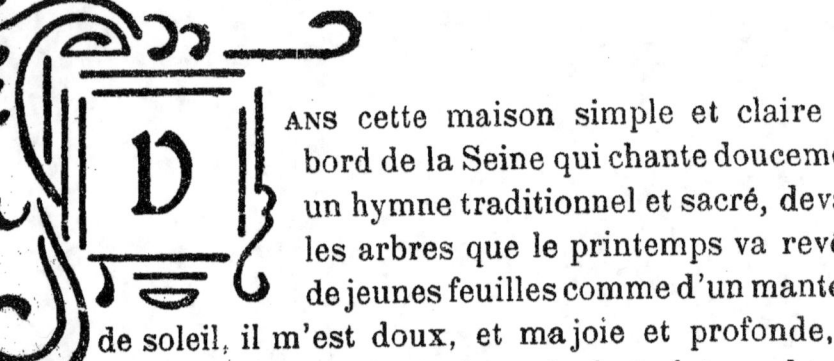

DANS cette maison simple et claire au bord de la Seine qui chante doucement un hymne traditionnel et sacré, devant les arbres que le printemps va revêtir de jeunes feuilles comme d'un manteau de soleil, il m'est doux, et ma joie et profonde, de saluer le plus grand lyrique de la peinture de nos temps.

Car il faut le dire très haut, depuis Puvis de Chavannes, aucun artiste ne comprit à un plus haut point que Francis Auburtin le rôle de la décoration murale et de " l'autre vie " qui se révèle au moment où se mêlent la réalisation du peintre et la vie extérieure qu'il tente d'embellir.

En notre siècle d'horrible progrès qui défigure les paysages pour le renom des plus équivoques industries, qui saccage les horizons pour que s'affirment les vertus des plus apocryphes émollients, il s'est trouvé un homme assez courageux, d'un art assez héroïque pour chanter la fable éternelle de la Beauté résumée par quelques couleurs, quelques formes, des ciels légers, des regards fleuris d'illusion. Et Paris, Paris ingrat et meurtrier, a vu, sans reconnaissance un grand imagier du rêve, tourner les feuillets d'un livre, où s'inscrit la légende rare et dorée de ce qui ne meurt jamais ! !

Ouvrons nos yeux, sachons regarder, contempler et non pas recevoir des impressions fugitives, de quel exemple est l'art du peintre ! ! Quel sacrifice fut le sien ! Mais si les larmes tièdes baignèrent ses jours au lamentable spectacle de la renommée chromo-lithographique, quelles joies, quelles ivresses il dut savourer, quelles musiques il dut entendre qui le bercèrent d'une radieuse harmonie. « Et les voix disaient bas : « Que t'importe le nombre, le tumulte, la course au clocher, la vanité satisfaite des marchands, nous sommes là, nous tes inspiratrices, comme les symphonies étaient présentes aux yeux hallucinés de Beethoven, nous sommes là, nous les berceuses, les divinités disparues, les naïades, les sirènes, les tritons ardents, nous suivons le sillage adoré d'Aphrodite la folle et de Vénus la blonde, nous t'emportons vers la rive heureuse où Pan célèbre, par les chants de la flûte courte, la nature adorable et les vergers pépieurs, embaumés de miel et pleins de chants d'oiseaux. Suis nous, que t'importent le monde et le suffrage ridicule d'un peuple qui a perdu toute notion de Beauté. Garde tes fleurs, garde tes chansons, garde tes visions de délire, tu seras consolé quand tu en feras l'offrande au silence, sous les grands arbres, devant l'extase du ciel ! ! ! »

Voilà ce que disaient les voix qui conseillaient Francis Auburtin. Sachons lui gré de nous permettre de nous approcher de son œuvre et de l'aimer à notre tour de toute la passion qu'il eût en la réalisant.

*
* *

VOULEZ-VOUS que nous poussions la porte sur le jardin secret, sur la vie du peintre. Il nous pardonnera, car sa vie est une belle route ensoleillée, jalonnée par des bouquets d'arbres, des haltes heureuses, où la victoire sous leur ombre, s'asseyait plus grande encore parce que discrète.

Imaginons que c'est Francis Auburtin qui nous parle tout simplement.

« L'enfant s'est toujours et de tous les temps enfoui au cœur de la bonne nature. Le meilleur de ses journées disparaissait en vagabondages charmants, à des battues à travers les bois et les grèves. Et comme le petit était curieux, aimait à sonder les mystères, il emportait avec lui une petite loupe qui lui révélait des miracles insoupçonnés. Il élevait des chenilles et collectionnait des papillons. Et dans les grands arbres séculaires il construisait des maisons de feuillage où il passait des journées à admirer l'aspect divers et chatoyant de la forêt. Or, un vieux peintre lorrain, ami de son père, homme de cœur exquis et grand artiste, Théodore Devilly, dont la sagesse fut de rester fidèle à sa province, l'initia à la peinture en l'emmenant dans ses campagnes d'artiste, en Normandie et en Lorraine. L'enfant est devenu un adolescent rêveur et courageux. Quelques concours heureux à l'école des Beaux-Arts, enfin, le grand événement, la présentation à Puvis de Chavannes, le maître incontesté des compositions où palpitent à la fois l'âme de l'artiste et l'âme de la foule conviée à un beau spectacle.

Le peintre qui créa *Sainte Geneviève veillant sur*

Paris endormi, savait choisir ses disciples et ses
amis. Il discernait avec une rare méthode, parmi
les forces troubles de tout tempérament, les grandes
directions de la Foi et de l'Enthousiasme. Il eut vite
fait de sentir dans Francis Auburtin, un cœur frère
du sien, une sensibilité proche de sa noblesse. Il fut
simple, prodigue de conseils et aida sans conteste à
la révélation plus grande d'un talent fait d'harmonie
et de haute probité. C'est Puvis de Chavannes qui
poussa Francis Auburtin à exécuter les deux fresques qui décorent l'escalier du Muséum d'histoire
naturelle au Palais de Longchamps, à Marseille.

Or, le grand maître en incitant son cadet à faire
un tel travail, lui rendait le plus rare hommage car,
dans ce même palais de Longchamps, près des
fresques d'Auburtin, Puvis de Chavannes ouvrait
deux fenêtres radieuses, *Marseille colonie grecque*,
Marseille porte d'Orient, dans l'escalier du Musée
des Beaux-Arts. Le maître gardait le disciple dans
sa lumière. Aucune ombre ne la troubla jamais.
Probe et fidèle, Auburtin a veillé sur le feu sacré.
La mort de Puvis, en 1899, le priva d'une amitié
précieuse et d'un grand réconfort, car déjà montait
le flot des médiocres vite satisfaits, des mauvais
poètes et des mauvais peintres dont l'astuce et le

goût déplorable sont justifiés par l'indulgence d'un public frappé d'ignorance.

En 1893, l'année de son mariage, Francis Auburtin voyagea en Italie, s'émerveilla aux villes d'or et de somptuosité lointaine, but à la source réconfortante, et travailla beaucoup. Il rapporta de son pèlerinage heureux, la grande copie de la fresque d'Andrea del Sarto " La Madonne del Sano " qu'il a conservée dans l'atelier comme un pieux témoignage rendu à une époque de Titans.

Et depuis, que d'œuvres sont sorties des mains habiles mais discrètes du peintre, que de belles toiles aux évocations prenantes : 1895, *Plafond de la salle à manger de l'Université, à la Sorbonne ;* 1898, *Le fond de la Mer,* panneau décoratif pour l'amphithéâtre de Zoologie à la Sorbonne ; 1899, *Décoration du grand escalier du Muséum,* Palais de Longchamp à Marseille ; *La pêche au gangui dans le golfe de Marseille* (Salon de 1899) ; En 1900, *La Calanque ;* à l'Exposition universelle, la *Porte monumentale du Palais des Fêtes et la Poterie,* palais de l'Esplanade des Invalides (décoration sur laquelle nous reviendrons) 1901-1902, *Au Soir* et *Le Matin,* panneaux décoratifs pour l'hôtel de Madame la Comtesse de Béarn ; 1903-1904, *Décoration murale* de la salle à manger de l'Université, à la Sorbonne. *Le verger au bord de la mer,* suite de panneaux décoratifs ; 1905, *Sur un rythme antique, Portrait de miss Helen H..., La petite danseuse blanche ;* 1906, *Orphée,* fresque acquise par l'Etat et destinée au Musée du Luxembourg ; 1907, *La forêt et la mer,* fresque ; 1908, *L'aube des cygnes ;* 1909, *L'essor,* fresque acquise par l'Etat pour le grand amphithéâtre de la Faculté de Droit et des Lettres de Lyon ; 1910, *Le jardin de la mer ;* 1911, *L'écho, Soir antique, Portrait sur fond de soir.* Toutes ces œuvres furent des tâches de clarté mystérieuse et douce, dans la foire aux toiles peintes qui se titule "Salon", tous les ans. Et s'il faut maudire la hideur de ce ramassis de tout, réfugions-nous auprès des belles pages qui semblent s'être égarées là... Les Salons ! l'horreur des Salons ! Qui la chantera jamais sur les thèmes chers à Juvénal ! !

**
* **

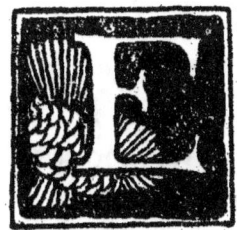T maintenant que nous connaissons la vie de Francis Auburtin, nous chercherons à commenter la décoration murale où le génie du peintre s'est complu.

Il est incontestable que l'influence de Puvis de Chavannes fut grande dans l'évolution esthétique du peintre que nous saluons. On est allé trop loin à ce sujet. On a jeté à la face d'Auburtin son culte pour le maitre disparu et d'aucuns l'ont accusé de plagiat. Or il convient de mettre toutes choses au point. Nous vivons à une époque où la colère est nécessaire, où la haine revêt l'aspect de la justice. Il est bon de protester contre les vaines accusations.

Dans les revues tout à fait modernes, férocement dirigées par des « jeunes », il n'est question que de révolutionner le monde économique et artistique par des œuvres solides, bien construites, en dehors de toute convention gênante. Au long des pages, lourdes d'élucubrations indigestes — (en avons-nous avalé !) — il est fait quartier de tous les écrivains, de tous les philosophes, de tous les peintres, que les petits « bitters » traitent couramment de plagiaires et d'apostats. Un homme simple et sage pourrait, à peu près, leur répondre sur ce ton : « On ne copie jamais personne et puisqu'il faut faire ici un cours d'éducation à l'usage des mécontents ou des sots, nous devrions rappeler que les frères de Goncourt, en écrivant leur *Journal*, firent la leçon aux passants plus ou moins épris de littérature. Rémy de Gourmont, dans les *Faits du mois*, Daudet dans les *Mémoires d'un homme de lettres*, d'autres encore, notèrent quotidiennement des impressions d'art, de promenade, de fantaisie ou de lectures. On se demande, vraiment, pourquoi les gens sont toujours portés à croire, avec amertume, aux laideurs coutumières du plagiat. Un écrivain ou un peintre ont le droit de fixer ce qui plaît à leur imagination et la critique use des griffes réservées d'ordinaire aux méchants. Il serait peut-être ambitieux ou d'une fanfaronnade gasconne de dire : « Mon verre n'est pas grand, mais je bois dans mon verre ». Cette défense est bonne pour les potaches. Il convient mieux de citer cet autre vers de Musset, moins prétentieux et si doucement ironique : « C'est imiter quelqu'un que de planter des choux ! »

Les productions des petits féroces ou des mauvais

frères d'armes gagneront à témoigner plus d'indulgence aux peintres qui font une œuvre utile.

Il est bon, au sujet de la décoration murale, de noter que tout artiste jeune a un idéal et qu'il cherche à s'appuyer, à guider ses premiers pas sur un maître qui répond à l'idéal qu'il s'est proposé d'atteindre et qui a traduit cet idéal le plus magnifiquement. Or, le cas s'est produit pour Francis Auburtin, admirateur et disciple passionné de Puvis de Chavannes. J'ai dit *disciple*, je maintiens le mot, mais le disciple sur les thèmes harmoniques, parents les uns des autres, a chanté avec sa propre voix. Cet enchaînement religieux des vieux maîtres aux jeunes, forme la beauté souveraine qui s'appelle la tradition. On évolue, on prend conscience de sa personnalité, mais on est dans le bon chemin, dans le droit chemin. Une fleur saine poussée au hasard serait aussi belle, ne perdrait rien de sa fraîcheur, dans l'ordre d'un beau jardin. Les sentiers battus n'ont rien de commun avec la grand'route. Suivons celle-là. Elle se déroule et selon les vers d'Henri Bataille :

Regardez l'horizon que vous n'atteindrez pas,
Nichée heureuse et vieille des voix qu'on écoute,
Regardez par dessus la haie, ailleurs, là-bas,
Regardez la route et laissez passer la route ! ! !

ᴇs vanités modernes ont l'outrecui-
dance des vieilles courtisanes qui se
mêlent aux cortèges officiels. Certains peintres qui ne savent rien,
courent le monde, '' font le tableau
comme le porte-monnaie '' selon le
mot de Whitsler et leurs travaux forcés — d'exporta-
tion — renforcent de quelque pécune leur orgueil dis-
cordant. Que l'argent les paie, soit ; mais que du
moins les poètes et les vrais artistes se détournent à
leur passage. La peinture odieuse de ces vieilles cocot-
tes — que par pudeur je ne nommerai pas — a eu
cependant le résultat déplorable d'encombrer la vie
de laideur, au détriment des belles œuvres. Auburtin
plus que quiconque eût à en souffrir. N'ayons pas la
fausse réserve de le dire.

Le sens décoratif, chez Auburtin, a la signification
d'une force nécessaire. Par grandes taches, par
plans équilibrés dans une atmosphère impondérable
lumineuse et douce, après être resté fidèle pour ses

notes à la technique de la peinture à l'eau, sur
papier gris, si logique et si simple, il a suivi les
préceptes de Puvis de Chavannes et s'il ne l'a pas
imité il a écouté sa leçon qui enseigne qu'une peinture murale doit être une peinture murale, c'est-à-
dire un bel espace décoré, sobre de grandes lignes,
propice à recevoir sa vie de la lumière et non pas
de ce que l'habileté, le métier du peintre peuvent y
mettre, par tons sur tons, ou par couleurs complémen-
taires. Nous assistons, hélas! à des choix grotesques
faits pour la décoration murale, de peintres destinés
à faire du morceau, à brosser du tableau et non du
décor. On accroche ainsi des toiles sur des murs et
les murs y perdent. Ah! quel beau rêve réalisé pour
Auburtin qu'une décoration murale complète, harmonieuse, sans heurts, pour la place à laquelle on la
désigne, faisant partie d'un ensemble, concourant à
une beauté féconde qui ennoblira les êtres et les
choses de tant de clarté retrouvée!

Et quel choix dans les sujets : de grands thèmes :
le décor de la mer, les falaises, les êtres de féerie et
de fable, les sirènes fabuleuses, moitié femme, moitié
poisson, qui par la douceur de leur chant attiraient
les marins qui mouraient de leurs caresses, bercés par
leurs adorables chansons. Ah! il les connaît bien les

prestigieuses évocations, ces filles d'Acheloos et de Calliope, réfugiées dans le détroit de Sicile, sous le plus beau ciel de l'Histoire. Il sait que, vaincues, certaines sirènes furent transformées en rochers, et quand passèrent les Argonautes, c'est en vain que les dernières formes blondes voulurent user de séduction, hissées aux fronts verdâtres des rocs. Car Orphée avait pris sa lyre et à son tour charmé les sirènes......

Regardez les tableaux d'Auburtin, ses grandes décorations, vous y trouverez la belle légende antique, et le chant s'élève, grandit, prend l'ampleur d'un hymne d'adieu aux divinités disparues.

Et ses fonds pâles et dorés fourmillent d'évocations sonores et lointaines d'un lyrisme prenant. Ne sont-ce pas des fjords de la Scandinavie, des lumières inespérées des pays glaciaires. Le ciel de Norwège n'a-t-il pas étendu son manteau sur les anciens vikings aux filles blondes. Et ces femmes escortées de cygnes nonchalants et soyeux ne sont-elles pas des sœurs enfin réunies de l'extrême nord et de l'Hellade rose ?

Et dans ce décor, nombreux d'une poésie apaisée, voici que se meuvent les formes bien modelées des danseuses, des sirènes, des femmes menues et musclées, des cygnes, des paysages dont le rêve est un emprunt fidèle à la nature et un complément des danses ? Tout l'art d'Auburtin s'y résume et s'y vivifie. Une synthèse en fut donnée il y a quelques années par *Les danses nues sur fond de soir* d'une si prestigieuse distinction, d'un rythme grave et pur.

Auburtin est un peintre de la danse telle qu'il la veut élire, utile, d'une gymnastique sans raideur, souple, d'un sens amoureux et naïf.

Le cortège est d'un aspect soigné, charmeur, régal des yeux, gloire des rêves imprécis, et les compositions sont remplies de cette vie intense des danseuses sautillantes et gaies. La courbe des bras, le frisson des nuques, la taille exquise, fleur renversée dont le calice pur s'évase à la splendeur ou la gracilité des hanches, les chevelures qui s'épandent en ombre ardente aux épaules des brunes, en or soyeux, fauve ou rouge sur les chairs claires des blondes, merveilles longuement aimées... Et cependant que monte et chante une musique affolée de bonheur ou de volupté, que se murmure aux flûtes la tendresse d'une idylle à peine vraisemblable, ce sont des cascades de rose, des baisers de rouge et de nuances chaudes, la plaie saigneuse des vermillons, le naïf miroitement des bleus de soie et l'espoir tendre des verts qui s'estompent sur la somptuosité des velours... Au loin meurt dans sa neige et s'efface le royaume blanc des lys. Et tout cela mêlé, fragile, délicat, infiniment...

Ah ! nous avons la preuve de cet amour du peintre pour la danse, à la fraîcheur, à l'exquisité, à la jeunesse de ce tableau *The little white dancing girl* (La petite danseuse blanche) gardée ici, jalousement. Tout concourt à un ensemble adorable, la musique de la couleur, la forme simple, le ton des gestes précis, saisis dans leur silhouette vibrante. Comme tout cela est loin du bagoût en peinture, et comme nous sentons que Francis Auburtin a le culte du modèle qu'il interprète ! Ah ! la critique serait ici en bien mauvaise posture et ne pourrait exercer son rôle infâme !! Car si l'on a pu dire non sans justesse que rien n'est plus lamentable qu'un critique d'art, il convient d'ajouter que sur cent critiques d'art il n'y a pas cinq hommes de bonne volonté qui aient confronté la grande leçon de la nature et l'éducation nourrie des musées, des villes de souvenirs et des époques de haute tradition esthétique. Et pour se forger une conscience — car on ne naît pas avec une conscience d'art, on naît artiste, simplement — il faut se résoudre à cheminer péniblement à travers

les villes et les pays, au hasard de la vie et de la
fortune, bonne ou mauvaise, rassembler ses notes,
ses impressions, contrôler ses enthousiasmes, et
surtout apprendre à ne parler que très tard et
jamais sous une forme définitive. De toutes les
spéculations de l'esprit, la peinture est celle où il
faut s'attendre le plus à de l'inédit. Autrefois, —
déjà! — il y a vingt ans on riait devant les projets
de décoration de Besnard. Nous savons aujourd'hui
que toute ironie est tombée, mais il nous est doux
de constater que l'on ne rit plus devant les élucubrations des paroissiens qui suivent M. Matisse,
cornac commerçant et roublard.

*
* *

JE me souviens de l'effet inattendu que
produisit en moi la décoration du
pavillon de la poterie au palais de
l'Esplanade des Invalides, à l'Exposition de 1900. Parmi tant de bara-
ques peintes de tons " gueulards "
Auburtin apportait une note touchante et d'une belle
simplicité. On sentait qu'il avait travaillé près de
l'artisan, que toute décoration murale doit être la

construction d'un sujet dans des gammes de lumière, le concours d'une création heureuse à l'ensemble, la manie — je veux dire la volonté décisive — de la simplicité et de la discrétion. On en manque hélas, puisque nous sommes tombés à la peinture d'affiche à présent. Que soit enregistrée à jamais la protestation hautaine d'Auburtin. Ah ! comme l'on devinait aussi qu'il avait aimé l'art traditionnel du potier si intimement mêlé à la vie !!

Et puisque la récente exposition des peintures à l'eau de Francis Auburtin contenait un admirable hommage à Grasse, à la Méditerranée, à la Provence, je veux rappeler ici une impression que j'eus à Vallauris, tout près du golfe Juan, dans un atelier trépidant de poteries.

Sous le grand hall encombré de moules en plâtre, prêts à recevoir la glaise, parmi le bruit des machines et des tours qui broyaient l'argile sèche, le vieux potier, têtu et doux, coiffé d'un bonnet noir, travaillait. Un sourire confiant éclairait sa bouche et faisait plus ridée encore sa face basanée de père qui ne compte plus ses jours mais se souvient. Peu lui importait la perfection moderne qui simplifie la main-d'œuvre ; il continuait sa tâche, opiniâtrement, avec l'amour du bon ouvrier qui ne cédera pas aux

choses nouvelles parce que trop de passé dort en lui.
La jambe repliée faisait virer le tour et de ses mains
habiles et vives, l'artisan confectionnait le vase au
galbe exquis, l'urne grise aux contours soignés. Les
doigts couraient, caressaient la terre et lorsque par
le trait de fil l'objet fut arrêté, définitif, d'un geste,
le vieux potier essuya son front et dit : « Voilà ! »

Art du potier, premier des arts, forme donnée à la
matière pour la doter d'une image de beauté, la
tradition se poursuit à travers les siècles jusqu'à la
mémoire du brave homme.

Vallauris, là-haut, bruissait du ronron des usines ;
Golfe-Juan sommeillait au bord de la mer clémente.
Et, il semblait que les tartanes aux voiles rouges,
apportaient l'offrande des étoffes pourpres venues
de Phénicie, les jarres de Samarrie et les stèles de
Grèce, cependant qu'à la proue d'un lointain navire
quelque artiste enluminant l'amphore, pétrie de ses
doigts, se rappelait la ligne admirable des hanches
que la courtisane d'Athènes faisait frémir en mar-
chant.

.∗.

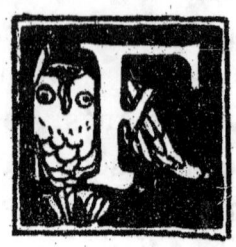RANCIS AUBURTIN a aimé la *Provence*. Il en a rapporté des documents complets auxquels il ne faut rien ajouter. Il a vu la Méditerranée à Banyuls, à Marseille, sous les ciels théâtraux d'Italie ! Il l'a chantée à sa manière, sur un rythme antique. Il l'a vue en poëte. Il en a fêté les jardins en homme discret et dont l'hommage est d'autant plus rare qu'il ne se manifeste pas par du bruit, le bruit qui n'est pas le son.

Le petit berger qui regarde grimper ses chèvres au flanc roux de la montagne, écoute passer le vent dans les oliviers chuchoteurs. Au-dessus des Alpilles, le ciel, comme un immense panache, est un salut de bon accueil et le sourire bleu tombe sur la terre bienveillante à ses fils qui l'aiment d'une fervente affection. Dans les mille bruits de fleurs et d'ailes, une voix monte et l'air empli de cette chanson des choses, fait éternelle la Provence, clémente à ceux qui la chérissent et la fêtent. De toutes les campagnes de France, ce pays adorable est celui où s'est le mieux perpétuée la légende antique. Ce sont des visages déjà vus à travers la brume du souvenir et l'enthousiasme de nos jeunes années, qui se penchent sur nos rêves et clament bien haut la fierté de vivre dans une harmonie livrant le secret des époques bénies où l'homme avait droit au songe des jours. Refuge divin offert aux gens que blessa le monde cruel et vaniteux, paix d'un printemps sans nuages où la pluie, si rare, a le charme des pleurs nés d'une mélancolie chère comme un péché, la Provence ouvre sa porte d'or sur l'Orient, et au seuil du mystère gardé par les contrées de faste et d'oubli, c'est le passé qui revient ; c'est le passé légendaire et immortel des âges peuplés par le sourire de Vénus Aphrodite qui énamourait le monde pour une moisson de baisers.

Lorsque Francis Auburtin fit les deux fresques du Palais de Longchamp à Marseille, il savait tout ce qu'il devait dire. Le haut enseignement de Puvis de Chavannes était là, et puis, il avait regardé la vie de la Provence. Et avec sa douceur, sa robuste santé, elle pourrait se résumer, ivre de fruits et de soleil, à ce spectacle : un vieillard contant la légende ailée, précieuse aux poètes, la petite histoire léguée de père en fils, — joie tranquille et saine — une large tache de lumière, une voix de fille, orgueilleuse de ses vingt ans, des blés coupés, des vignes lourdes et la brise du soir chargée de musiques et d'adieux.

Le Rhône emporte vers la mer un peu de l'âme qu'à célébrée Mistral, et là, sur la grève où il vient déposer comme une offrande la neige de ses remous et les gerbes arrachées dans le bruit éternel de l'onde qui murmure une invitation au voyage, vers des îles de mystère et d'amour, la Vénus féconde qui prépare les races fortes, semble se lever en un geste d'harmonie et de beauté.

Et tout cela se résume dans une page connue. Cette *Pêche au gangui*, le rare morceau que cita Léonce Bénédite comme exemple de peinture décorative au Salon de 1899.

*   *
  *

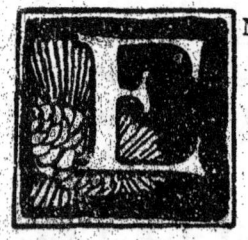NFIN que dire encore, il y a autour de nous, ici, là, dans cet atelier simple, où palpite constamment une âme anxieuse de vie et de rêve, des quantités de dessins, de peintures à l'eau, qui semblent des fresques, car les vieux papiers « à la main » jouent le rôle du mur de chaux fraîche avec lequel la matière fera corps, et toutes ces feuilles d'un bon livre

représentent le travail d'été, « le meilleur, nous disait le peintre, dans les bois et au bord de la mer où je me promène toujours, comme autrefois, avec ma petite loupe ». La curiosité native n'a pas changé ; elle s'est complétée.

Et nos yeux sont ravis par le choix poétique des sujets. La falaise est comme un sphinx qui regarde la mer. Les paysages maritimes sont très longs, pour chanter l'infini des flots ; et quel sentiment s'en dégage ! ! certains tableaux faits à Grasse (les jardins entre autres), sont des décors pour le Décaméron. La diversité des sites, la Savoie aux arrêtes vives, aux plaines grasses ; les arbres normands dressant leurs silhouettes sur les rouges et les ocres des terres, cet effort lent, sincère, témoigne du document pris sur place en une minute de rare émotion et la joie du peintre qui, rentré chez lui, dans le calme de l'atelier, songe à la matière, premier élément de beauté dont les japonais, ces maîtres inégalés, recherchaient la rareté pour des œuvres précieuses. Et nos regards se posent encore sur les grandes compositions, sur l'évocation musicale de *La Forêt et la Mer*, *L'Eveil des Cygnes*, *Le Jardin de la Mer*, pages de poésie ardente et de mélodieux apaisement.

Ah ! formons le vœu que l'on confie à Francis

Auburtin la réalisation de cartons pour des tapisse-
ries. Il ne faut pas que s'accrédite et se contrôle
hélas, la légende des isolés qui restent loin des
honneurs — la quantité seule prévaut — et du juste
profit, parce qu'ils ont lutté bravement, en dehors des
chapelles et des groupes. Quelle merveille serait un
Gobelin interprétant une composition du peintre de
La Forêt et la Mer!... La tapisserie est au premier
chef traditionnelle. Il faut donc la revivifier par des
clartés et non des tâches sombres et violentes et
choisir les peintres, d'abord, et non pas confier à un
bonhommier où un faiseur d'affiches, la réalisation
décorative de cette œuvre précieuse : une tapisserie.
Cela, il faut le crier bien haut, il faut jouer des coudes,
bousculer les pieds plats et les courtisans, et clamer
la vérité, en face du pouvoir, la vérité qui doit l'em-
porter un jour, sur la médiocrité et sur l'intrigue
obséquieuse et vénale.

* *
*

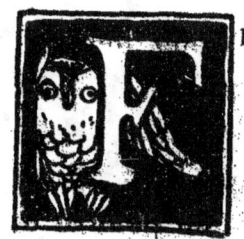RANCIS AUBURTIN, me rappelant des heures d'enfance, m'écrivait récemment : « Malgré mon goût pour la vie en haut des arbres, je n'ai jamais déniché d'oiseaux. Je les regardais vivre avec joie. Rien n'est plus joli que de les voir chez eux. Maintenant je suis trop vieux pour escalader les vieux chênes ; je passe de bonnes heures dans les bois, muni d'une bonne longue vue, à épier leur petite vie dans leurs maisons vertes ! ! On devrait apprendre à l'école, aux enfants, à aimer les arbres et les oiseaux sans couper les uns et tirer les autres ! ! ! Cela ferait du bien à notre pauvre pays ! ! ! »

De telles paroles sont celles d'un sage, et d'un poète, d'un de ceux qui savent écouter avec piété le bruit des choses, des plantes et des animaux familiers, en rêvant le soir, au seuil des maisons où survit la tradition. Et son regard s'élève vers la palpitation des étoiles éprises d'amour, dans un lyrisme éternel, parmi la poussière des mondes.

.•.

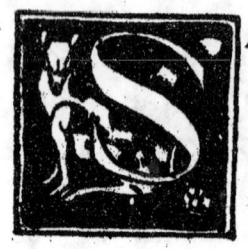

ACHONS marcher dans la vie, avec le calme des purs, avec la sérénité des âmes que rien ne trouble dès que le mensonge a déserté nos maisons. Qu'aucun de nos sentiments ne soit entâché de bassesse. Quelle que soit notre sensation digne d'être subie si la résultante est une création de vie de joie et de pitié, ne la fardons pas, ne la dévions pas avec hypocrisie. Dès qu'elle s'impose à nous, nous ne sommes plus maîtres de nous-mêmes. Que les influences extérieures soient triées avec soin; s'il se peut, évitons-les. Que les conditions d'existence ne soient pas la génératrice absolue et despotique de nos mœurs. Que ces dernières, au-dessus des matérialités périssables et déconcertantes, s'érigent avec grandeur, afin que règne par le monde l'harmonie et la beauté qui rajeuniront les peuples.

JANVIER-FÉVRIER-MARS 1912.

La conférence fut faite le 17 Mars 1912, quai du Président Carnot, 60, à Saint-Cloud, dans l'atelier de Francis Auburtin.

E.-ANTOINE BOURDELLE

1 ᴌ faut savoir gré aux artistes de nous offrir le spectacle méconnu de notre force et de l'harmonie départie à chacun de nous. La liberté des mouvements, conforme à la structure individuelle, est une image impérissable de la vie. Nous devons souhaiter le retour de l'époque athénienne où l'amour n'était que musique et poésie, où l'apparition d'une forme dévêtue au seuil tranquille des temples d'or et de lumière, conseillait aux hommes plus fervents la vertu d'être indépendants et l'orgueil d'une beauté qu'ils portaient comme un diadème, pour braver les tristesses en l'honneur des dieux immortels.

On se rend compte de la nécessité absolue d'embellir la vie en ouvrant les yeux pour regarder, pour contempler, non pour voir simplement.

Dans les villes, parmi les squares trop symétriques, au coin des avenues bordées de marronniers et de platanes qu'enlacent le lierre et le chèvrefeuille, des nudités et des nymphes de pierre ou de marbre dressent leurs silhouettes. Le choix des sujets est presque toujours d'une lamentable indigence et aucune intellectualité ne préside à la composition de ces blanches statues. Et cependant l'idée première était d'embellir un coin de verdure, d'ajouter une chanson humaine au concert de la nature, de mêler nos gestes à l'allure des arbres que varie le vent.

Dans les églises où se perpétue le service du mystère aux bruits harmonieux de l'orgue qui répand ses ondes vibrantes sur l'austérité du sacrifice, la musique verse une douceur qui atténue la monotonie des psaumes... A la rencontre d'âmes attardées que libère l'orgue, vont les rais de soleil à travers les vitraux multicolores qui offrent leur joie pour la Beauté.

L'évasion des villes, le dimanche, par les ouvriers et les femmes, témoigne du désir qu'ont les gens les plus simples de réaliser pour leur rêve un décor choisi, car l'amour et la Beauté sont étroitement liés. Où l'on se donne, où chante la caresse, il faut une atmosphère de quiétude et de joliesse. C'est pourquoi les demeures d'amants sont toujours embellies par des mains expertes ou naïves qui obéissent aveuglément à l'instinct.

L'histoire des âges aime se raconter elle-même aux façades des monuments que chacun peut lire. Elle aime se voir démasquée par le vent torride qui démantèle les murailles, met à nu les trésors, expose les édifices comme des châsses longtemps gardées en secret. Mais l'histoire ne pardonne pas la main profane, armée de la pioche et du marteau, qui viole les mystérieuses légendes respectées par le temps. C'est une loi fatale que celle du silence et de l'oubli. Quiconque la dédaigne et veut passer outre, porte la punition des morts. L'artiste véritable doit retrouver en son âme la tradition de la Beauté. Il doit y avoir — l'orgueil éteint — un regret mordant, pendant des années et des années pour l'explorateur qui rapporte des dépouilles sacrées. La joie des yeux est passagère. Le mépris dans les âmes est profond et dure longtemps. J'ai maudit celui qui rapporta au musée Guimet les momies horrifiantes de Thaïs, la frêle danseuse, et de

Sérapion dont le corps douloureux était cerclé de
fer. Ah ! que la poésie du passé demeure à l'état de
songe ou de divin mensonge, mais que des réalités
déconcertantes ne fassent pas peser sur nous le
grand secret des âges qui sont endormis dans leur
poussière sacrée ! ! !

* *

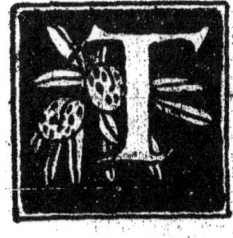OUTES ces considérations se heurtent
en désordre, au moment où j'ai
l'honneur d'étudier la statuaire
retrouvée par Emile Bourdelle,
exemple de notre époque et le plus
haut enseignement que suivront
les vrais artistes, fils des grands artisans.

Nous sommes ici, dans ces ateliers d'une simplicité touchante, parmi des œuvres qui, sous un
aspect d'expression familière, ont à nos yeux avertis
la plus haute signification.

Artisan admirablement éduqué, Bourdelle a placé
très haut son idéal, en plein ciel d'une humanité
consciente qui a reconquis sa vigueur et son rêve
par la réalité définie de tous ses gestes, de toutes

ses passions, de toutes ses aspirations hier encore, désordonnées et confuses.

La joie qu'il a tenté de chanter avec force, le sculpteur l'a trouvée dans le travail, le labeur soutenu, les veilles studieuses, les souvenirs chatoyants d'abord évoqués, traduits ensuite avec maîtrise. Et c'est ainsi qu'il a compris la beauté de la vie par la marche harmonieuse et ininterrompue des pensées.

Il n'apporte pas de méthode à la statuaire de ces temps, mais des moyens de compréhension du modèle vivant et vibrant plus fort et plus définitif dans son attitude que toute interprétation d'art... D'où l'on peut déduire qu'un sculpteur de plein air doit avoir le sens primordial de l'architecture, car la vérité totale d'une forme ne s'affirme que par le travail patient et raisonné qui met à sa place tout équilibre des masses.

Et au-dessus de tout, le dessin est qualité essentielle pour un artiste qui veut exprimer de la béauté, de la passion ou de la foi en une allure fixée, impérieusement, devant les hommes, sur l'horizon terne d'une ville, les silhouettes des arbres ou le tumulte ardent d'une foule. Chaque artiste peut avoir une manière différente de dessiner ; toutes les manières

sont bonnes — si toutes tendent à exprimer la
vérité. C'est une façon, un procédé de cuisine
artistique, ce ne pourrait être une loi. Et les
ouvriers d'art sont en général les meilleurs dessi-
nateurs, car ils ont appris de bonne heure, comme
un inéluctable précepte de la beauté, qu'il doit y
avoir une mesure exacte des volumes par rapport à
des ensembles et que la place des objets et leurs
plans sont du domaine des sciences exactes. Toute
liberté extérieure se rattache inévitablement à une
discipline connue et respectée.

Et toutes les règles — il faut excuser ce mot —
toutes les règles nouvelles de la statuaire se peuvent
inscrire au-dessous de l'œuvre de Bourdelle qui a
abandonné la science du détail, du morceau bien
venu, à la beauté totale d'un ensemble. Les artistes
qui travaillent ''d'ensemble'' vont droit au but que
se propose d'atteindre tout art d'expression durable.
Et ici se pose la question de l'habileté dans la fac-
ture. Devons-nous accorder un large crédit aux
artisans virtuoses qui sont avant tout préoccupés de
rendre un morceau, de le laisser net et pur d'hésita-
tions, poli, récuré, propre, à la façon de tant
d'officiels qui ne sont que des gracieux faiseurs ?
Non certes ! Ceux-là ne jouiront jamais de la rare

clarté, du soleil éternel qui brille sur les grands morts. Qu'ils profitent bassement de leur reste. L'avenir est à d'autres. Il faut au contraire estimer un esprit dont la main est maladroite mais dont l'effort porte uniquement sur l'ensemble d'un modèle. Un virtuose n'exprime pas une harmonie, il la détaille et la brise en soulignant les difficultés vaincues de l'exécution. Il n'en fait pas chanter l'âme admirable. En statuaire, un doigt exercé et adroit, une main trop souple, ne donnent pas la juste mesure, le poids de chaque morceau par rapport à la place du modèle observé.

Et tripoter, assouplir dans une action de créateur. une forme aimée est tout autre chose que modeler sur le ton aimable, en vue d'une réussite possible qui n'a rien de commun avec la passion intellectuelle ennoblissante qui délimite une vision exacte de la quantité et de la forme par les volumes.

Un œil, à force d'être affiné, sensible, précis, devient rusé. Le danger est proche, car il faut toujours s'appuyer au mur solide des choses apprises pour aller un peu plus loin. Toute spontanéité qui n'est pas contrôlée tombe fatalement à la médiocrité séduisante et horrible.

Un sculpteur, digne de ce nom, décorateur de

plein air, gardien de souvenirs, évocateur de visages, se doit imposer de rigoureuses disciplines. Les plans extérieurs, sous ses doigts, épouseront étroitement les plans profonds, et ainsi, certains gestes se manifesteront par des poussées. L'artiste ne travaillera pas exclusivement sur la glaise mais en son esprit. Il regardera "les choses par en dedans et le modèle par l'intérieur" si l'on emprunte ce mot d'atelier au maître que nous saluons aujourd'hui. Il n'arrivera pas à exécuter des tours de force étonnants; le coup de pouce, funeste, n'aura pas toute sa valeur contestable ; Soit !

Mais quel amour dans la sincérité ! Une statue, un buste, une main faits pour eux seuls, doivent cependant concourir à un ensemble, à une harmonie profonde. Quand un passant averti s'arrête devant un buste, qu'il songe au crâne, à l'ossature même. Rien n'est plus beau qu'un crâne. Et la tête avec les muscles et la chair qui en épousent les arêtes et les lignes solides, doit être vue dans son plan, avant que le traducteur essaie de la situer avec le modèle entier. Et de déductions en déductions, si nous écoutons la leçon que donne Bourdelle à notre génération nous arrivons à croire à la possibilié en nous de réflexion, de persévérance, de volonté ; à l'ivresse

profonde d'aimer les choses très belles et non super-
ficiellement légères ou profondes. La véritable
recherche s'orientera vers une telle esthétique. Le
secret est dans la patience. Quand le sculpteur a poli
son œuvre il doit en toute sincérité la recommencer
car c'est alors seulement qu'il voit les défauts. S'il
a fini son travail, si sa science est véridique, il faut
qu'il cherche à apprendre à nouveau ; non pas net-
toyer, arranger, mais continuer l'étude et mettre
autre chose que des détails à une figure haut dressée.
Chaque parcelle ne peut s'isoler mais fait partie d'un
tout qu'il faut analyser dans une étude sincère et
lente.

Mais tant de science révélée ne suffira pas à donner
des ailes à une artiste, qui devra être naïf comme un
enfant pour que triomphe la raison sans que l'inspiration et l'émotion soient trahies. Ainsi le sculpteur
s'avèrera capable de réaliser une grande figure équi-
librée et bien « dans l'air ». Son art ne sera pas de
« trompe-l'œil » ! ! Car il aura vu tout à la fois dans le
modèle dont il s'est servi. Certains ont cru que la
mesure exacte pouvait être donnée par le compas ou
le centimètre. Erreur profonde. Le grand Rude a
essayé de marquer sur la glaise, des mensurations
exactes au modèle, et il n'est pas arrivé à une réali-

sation durable. Autre chose s'impose à l'esprit, avec
le recul des formes, l'air interposé entre la figure
édifiée et soi, le jeu chatoyant de l'esprit et de la
pensée. On peut par la minutie qu'offrait la leçon de
Rude avoir l'esquisse des mesures, mais non la place
réelle de chaque forme. Un artiste comme Bourdelle
ne commence une figure que lorsqu'elle paraît ache-
vée aux yeux de tous. Car c'est à la fin d'un travail
qu'on peut marquer la série d'efforts qui l'ont réalisé
comme c'est au déclin du jour qu'on tire la philoso-
phie du temps écoulé et qu'on évoque l'éclat du
soleil avec justesse. Aussi, parmi tant d'œuvres que
nous admirons, aucune, sans doute, n'est définitive.
Nous touchons ici au rare problème de l'art absolu !
Aucun ne l'a approché. Et nous avons connu les
demi-mesures, la roublardise des esquisses insuffi-
santes. Rien n'est faux comme une ébauche. Et rien
n'est aussi séduisant. Mais si le statuaire reste longtemps en méditation devant un modèle, une sorte de
passion fatale le conduit à la beauté même du caractère, et le prestige souverain de l'art est dans la
révélation de la vie intérieure.

∗∗∗

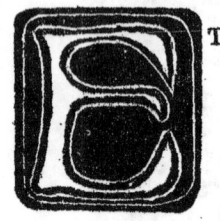T nous sommes ici, devant un grand exemple, une vie admirablement dévouée à la Beauté et à sa traduction au cœur des foules, sans le secours du joli qui dégrade la pensée, du beau métier et de l'habileté d'exécution qui sont les qualités des exécuteurs de basses œuvres.

Bourdelle, de méditations en méditations, est revenu à la vérité âpre et lumineuse des lignes splendides de la nature qui sont la tradition éternelle. Nous sommes, hélas! trop avertis par des longues époques de légende, d'histoire, d'éducation et d'étude. La science a chassé de nos cœurs la naïveté et la foi, qui peu à peu, par le jeu profond d'un amour longtemps méconnu, se revivifient aux sources pures de l'intelligence.

Le sculpteur qui créa l'inoubliable figure d'*Héraclés*, a admiré les hautes constructions d'Egypte, les bas-reliefs assyriens, l'art grec de l'époque lointaine dont l'archaïsme était un acte de foi, les cathédrales dont les lignes somptueuses arrêtent, de loin, les regards surpris et charmés.

Au fond, sous diverses formes, son amour est

pareil. C'est la même lignée qui par le moyen-âge
continue et complète l'antique, comme le gothique
et la renaissance pouvaient en appeler aux Grecs et
aux Egyptiens.

Feuilletons l'œuvre de Bourdelle. Elle obéit à des
règles architecturales : de la figure la plus complète,
la *Maternité*, par exemple, aux dessins à peine notés
que l'artiste fit d'Isadora Duncan la danseuse, dessins établis de mémoire, ce qui prouve nettement le
travail de pensée. Regardons la première esquisse
de Beethoven, datée 1887, c'est un pur chef-d'œuvre
de méditation traduite avec force, car c'est la pensée qui créa la vie des muscles..... et c'est aussi une
inoubliable peinture. Une telle réalisation est le fait
d'un artiste trop cultivé, trop intellectualisé pour
que l'on ne l'apparente pas un peu aux merveilleux
tailleurs d'images de la Renaissance.

Le geste de l'*Héraklès tueur d'oiseaux* n'exclut-
il pas tout commentaire de cette promenade "parmi
des pierres qui parlent"? Ici s'appliquent les règles
immuables d'une architecture rigoureuse, toute de
synthèse et d'observation. Ici rien de rond, mais une
mise en place rigoureuse pour l'équilibre total.

De *Beethoven*, douloureux génie dont les mains
soutiennent un cerveau musicien ou chantent les

chiffres, à ce *Carpeaux* tragique à force de joie à
vivre, tout semble se rattacher à une immense fresque de gothique.... *Les combattants, le chevalier
Roland,* le buste de *Rouveyre* et d'*Ingres,* la *Tête de
vieille* (un chapiteau), *Le fruit,* offre admirable d'un
être gracieux qui sait belle sa chair lourde de jeunesse et d'amour ; *Héraklès à la biche,* d'une rare
construction, de structure intérieure et non pas
modelée ; *Daphné changée en laurier* aux bras en
forme de branches, la nature confondant les gestes
et les fleurs ; *Rembrandt* vieux, émouvant comme
une toile véhémente de la fin de sa vie ; *Golberg,*
génie méconnu, Dante grimaçant tout en carcasse
osseuse, des os, avec assez de chair pour souffrir ;
*Combat de Centaure contre le minautore à corps de
taureau,* combat éternel de l'esprit contre les sens,
la volonté faisant plier la force bestiale ; le *Torse de
Diane* : toute l'antiquité, de Pallas Athéné la féconde,
chante aussi par la main de Bourdelle, et son bronze
est de ceux qui font les buccins sonores. *La femme
sculpteur au travail,* vérité nettement affirmée....
.autant d'œuvres maîtresses qui nous prouvent com-
bien l'artiste est un moderne ivre d'antiquité qu'il
nous restitue.

.•.

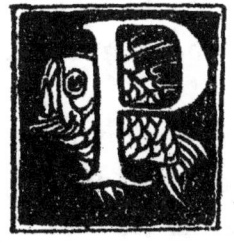ETIT-FILS d'un chêvrier, fils d'artisan sculpteur sur bois, il a gardé la simplicité des forts. Il sait. Il a patiemment appris. Il veut que tout le monde connaisse la lumière et jouisse des bienfaits qu'elle épand sur nous. Il veut que la lumière soit toute la vie. On peut lui appliquer cette admirable parole : « Aimons en cet esprit hautain que soulève en vague de pierre la volonté de Prométhée, l'homme qui boit aux sources de la vie pour vivre de la vie suprême ».

Et la vie, avec Bourdelle, joue en rythme de feu à travers les formes et sur les grandes lignes qui créent de la beauté parmi nous.

.

N 1902, et dussent, les goûts du maître être heurtés par un ensemble de talents évoqués, le salon réunissait : *la clef de voûte* de Pierre Roche, *la femme au tombeau* d'Injalbert, *le Duguesclin* de Frémiet, *le Verlaine* de Niederhausern, *l'Homme du peuple* de Constantin

Meunier, *le Beethoven* de Bourdelle. Il y avait, évi-
demment une communion d'efforts, une même source
d'inspiration pour réaliser de la force.

Depuis, que d'étapes franchies ! ! ! Sachons aimer
le masque de Moréas, son buste taillé comme un
marbre grec ; *la paysanne* toute de lumière intérieure
et de simplicité idéalisée, de plénitude heureuse
traduite par la face aux joues saines comme des
fruits ; *la tête d'étude* assez complète pour nous rappeler à la fois dans son expressive géométrie, l'antiquité, le moyen-âge avec l'apport de l'homme
nouveau.

*   *
*

Telle est l'œuvre de Bourdelle. L'enseignement
qui en découle restera dans notre souvenir et il est
de notre devoir d'en propager les leçons impéris-
sables.

L'instinct esthétique qui peut se manifester dans
une œuvre, hautement, avec force et véhémence,
doit être le créateur et non par l'excitant à un travail
aride et quelquefois absurde. Pour révéler cet instinct
il n'est besoin que d'observer la vie, strictement, ou
dégager de légendes charmantes ou terribles, l'action
qui porte avec elle ses gestes dans un décor précis.

Au seuil de l'époque moderne, troublante et trou-
blée, les adolescents qui soupçonnent un idéal
prochain et qu'un rêve effleure de l'aile, regardent
la vie, avidement, comme des enfants cruels et naïfs
et ils ont peur...

Le peuple entier souffre de son désespoir et de
sa misère. Il convient de lui donner une part de joie
et de le convier à la grande fête humaine qui verra
se lever une beauté pleurée par tant de larmes !!!

O vie ardente et passionnée qui berces nos rêves,
brûles nos chairs comme nos cœurs pour l'harmonie
qui jamais ne se détruit, ceux qui te célébreront
doivent garder pour eux l'écho de ta voix, de tes
revendications et de ta foi !

Alors, ô passant de génie, qui t'arrêtes au seuil
du gouffre, qui traduis toute allure, qui chantes les
drames, qui ris avec la joie des élus, verse-nous le
breuvage des forts qui prépare l'humanité, purifiée
par l'Art, aux édens entrevus et aux paradis
retrouvés !!!

DÉCEMBRE 1911-JANVIER 1912.

*La conférence fut faite le 28 Jan-
vier 1912, à Paris, dans l'atelier de
A.-E. Bourdelle, 16, Impasse du
Maine.*

CHARLES COTTET

L E talent et la renommée d'un artiste sont deux choses essentiellement différentes. Chez Charles Cottet elles demeurent harmonieuses.

Nous éviterons, cependant, si vous le voulez bien, le regrettable travers des Magazines illustrés dont l'expression laudative ne franchit jamais le cercle de maladroits amis ou de lecteurs à l'insuffisance notoire.

.*.

ous sommes ici, devant un conteur, car Charles Cottet a non-seulement lu la nature, retenu les leçons qu'elle lui a données mais a essayé de traduire la vie mystérieuse dotée de sa part de fatalité que la vie des gens apportait en concours de forces secrètes à l'épanouissement même de cette nature.

N'essayons pas, pour l'instant, de parler trop haut des secrets de sa technique, de sa manière, de sa maîtrise, des couleurs qui l'ont le plus séduit ; entrons chez lui, un sourire ami nous y accueille, un visage de santé et de rêve nous fait un signe heureux, asseyons-nous, tournons les pages d'un beau livre, sachons nous taire devant l'éloquence des images qui, autour de nous, sont autant de fenêtres ouvertes sur des jardins, des horizons et des villes.

Nous ne ferons pas trop de commentaires, et si le peintre nous parle, nous nous contenterons, pour notre joie, d'écouter ce qu'il veut bien dire. Car, il n'est pas de conteur plus séduisant, même dans la mélancolie, que Charles Cottet, dont chaque page est presque toujours la fusion ardente du souvenir et de la vie.

***

HARLES COTTET est né le 12 juillet 1863, au Puy, d'une famille de magistrats. Il fut élevé en Savoie et c'est au bord du Léman que les yeux du peintre se familiarisèrent de bonne heure avec le paysage harmonieux et divers. On le destinait au droit, mais il obéit à sa vocation et il entra à l'atelier de Maillard. De là, il fut élève à l'Académie Julian, de Boulanger et de Lefèvre et sut apprécier les leçons de Roll qui, il y a vingt ans, pouvait passer pour révolutionnaire. Mais l'âme poétique de Cottet devait se vivifier à la source pure de Puvis de Chavannes, dont l'art immortel donna à l'élève sérieux et attentif une leçon qu'il n'oublia jamais. Le côté décoratif de l'œuvre du peintre qui nous occupe se ressentit toujours de la belle religion d'art que nous a laissé le maître de Ste-Geneviève. Son bagage d'études bien assuré, Charles Cottet a œuvré seul. Promeneur infatigable, il a su chercher et trouver tout ce qui pouvait séduire

et enthousiasmer sa nature passionnée et réfléchie. A cette gymnastique assouplissante, et non pas hative, il dut connaître les joies rares du document recueilli, fixé, écrit. Telles de ses esquisses sont complètes sans qu'il y ait rien à ajouter. De l'heure passée, Cottet gardait l'expression quasi-définitive. Cherchant à se dégager de toute formule, il n'est pas étonnant qu'il n'ait pas voulu faire le tableau d'histoire pour se consacrer au paysage dont la fresque devait servir de cadre au rythme et au mouvement de le vie qu'il y plaçait.

Une belle part de la gloire de Cottet lui vient de la Bretagne qu'il a chantée avec une consciencieuse piété et où il ne s'arrêta cependant qu'en promeneur. Depuis, il y a vécu, il s'est assimilé l'âme simple, faite de fatalisme et de courage avec tous les excès, qualités et défauts, que comportent ces deux sentiments, qui se traduisent là-bas, au pays de la mer, avec violence parce que l'atmosphère et les gens, la nature et la douleur sont indissolubles dans leur unité.

C'est en 1889 que Cottet exposa au Champ de Mars, après un seul Salon, aux Artistes Français. Autour de Meissonier, dont la mode aujourd'hui s'effrite, s'étaient groupés Puvis de Chavannes,

Cazin, Besnard, Rodin, Roll, Carrière. Dans la famille assez disparate des peintres et sculpteurs, ces noms, on en conviendra, étaient de bonne compagnie. De cette époque date l'*Anse du Toulinguet.* L'éclectisme de Cottet le fit voisin de Cimaise chez Le Barc de Boutteville, de Dulac, Toulouse Lautrec, Anquetin, Zuloaga, Maurice Denis, Emile Bernard, Willette, Lepère, Gauguin, Bonnard, Vuillard, Van Gogh. Cottet donnait à cette Exposition des esquisses de Bretagne.

En 1893, il fut associé à la Société Nationale des Beaux-Arts avec '' *Rayon du Soir* '', actuellement au Luxembourg. Le succès va vite, et félicitons-nous de le constater, car un an après, le peintre était sociétaire, obtenant la bourse de voyage avec *Le Pardon de la Saint-Jean, Sortie de Barques de Pêche et Nuit de Lune à Camaret.* La réflexion de Cottet devant les paysages et les gens de Bretagne, les tristesses et les souffrances dont il fut le témoin attendri, suscitèrent la réalisation de son Salon de 1895, l'*Enterrement*, dont les grandes lignes rudes comme la race, l'incurable mélancolie dont la Bretagne garde tout le reflet, pleuraient leurs vérités pour l'étonnement des gens qui passent trop vite devant les murs d'une exposition.

Si les critiques furent vives, les amitiés restèrent
solides, telles celles de René Ménard et de Lucien
Simon. A cette époque, Cottet visita l'Italie et
l'Egypte. Nous verrons plus tard comment il a
compris l'Orient. Nous oublierons tout ce qui a été
dit à ce sujet, car les esquisses rapportées de ses
voyages, les irréfutables documents de sincérité
méritent une place privilégiée dans son œuvre. Mais,
dès 1898, revenu à la Bretagne, Charles Cottet
triomphe avec le *Repas des Adieux, Ceux qui s'en
vont et ceux qui restent*, plus communément connu
sous le titre de *Au Pays de la Mer*, acquis par le
Luxembourg, et dont M. Léonce Bénéditte écrivait
dans "Art et Décoration" (1898).

« L'inspiration de M. Charles Cottet est toute
moderne et nous pouvons être heureux de penser
que notre génération laissera d'elle, à l'avenir, une
image fidèle dans ses aspects contingents comme
dans sa psychologie la plus intime.

« Le tryptique de M. Cottet synthétise pour nous la
vie des gens de mer : *Au Pays de la Mer*. Au centre,
une longue table est servie, éclairée par la lumière
vive d'un quinquet. Autour du repas frugal, plusieurs familles sont réunies, les vieilles femmes
aux traits usés, des jeunes filles songeuses, de

beaux petits êtres encore inconscients sur les genoux de leurs mères, les mains se serrent, silencieusement, on se regarde plus qu'on ne parle et même l'on se regarde intérieurement. On voit la grande mer bleue, mystérieuse et affamée de vies, dont la ligne se dessine hautement par la large baie, comme accompagnement harmonique à ce tableau. — Tout-à-coup un marin se lève, un homme déjà mûr, de ceux qui sont venus ; Il lève son verre gravement présumant par ce geste d'adieu, ce vœu muet, l'émotion des autres convives. A droite et à gauche, encadrant la scène, tandis que se prolonge de chaque côté la grande ligne horizontale et significative de la mer, d'une part, ceux qui s'en vont, dans la nuit où pointe la clarté rouge d'une pipe, pressés sur le pont de la barque de pêche, vers l'inconnu des horizons et de la vie. De l'autre, ceux qui restent, attachés au rocher comme des coquillages, ou posés comme des albatros : Les femmes, mères veuves, ou filles qui interrogent quotidiennement les flots, avec une éternelle espérance et une éternelle résignation, M. Cottet procéde par synthèse, par larges harmonies, qui laissent un long retentissement dans les âmes ».

* *
*

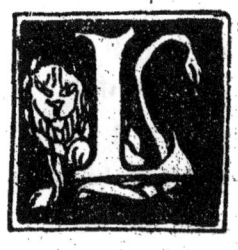’ANECDOTE sentimentale nous paraît trop facile à conter au sujet de ce tableau dont la belle tenue et la douloureuse réalité sont connues à l'égal d'un chef-d'œuvre d'émotion et de simplicité.

Nous arrêterons là cette incursion dans le passé du peintre.

Il nous plaira cependant de nous arrêter un moment à l'œuvre du peintre, sur la Bretagne, et c'est là que son talent de conteur s'affirme le plus précieux, Charles Cottet a recherché toutes les traditions qui s'effacent, toutes les tendresses qui s'épuisent et a écouté les chansons dont nous n'avons plus qu'un écho. C'est au fond de la Bretagne méconnue et mal connue, dans les petits ports, dans les villages désolés, sur les grèves hantées de naufrages, qu'il a ramassé ses souvenirs préférés et qu'il a pu, à maint endroit, atteindre au grand tragique, comme à l'expression décorative la plus noble, Charles Cottet a ainsi concouru à une œuvre de Folkloriste car il sait que c'est à l'histoire que le Folklore, dans ses recherches traditionnelles et ses notations menues et infinies, rend de très grands services ; Et cela, par des documents sur l'état d'esprit des peuples, leurs aspirations, le degré de leur culture, le sens de leur imagination, la filiation de race à race, de contrée à contrée, des préjugés communs, des mœurs identiques, des habitudes pareilles, qui les conduisent aux mêmes joies, aux mêmes douleurs, au même amour profond dans un lyrisme mystérieux et quelquefois inexprimé.

En maintes pages, mais surtout dans le « *Jour de Fête-Dieu à Plougastel-Daoulas* », au *Pardon de Sainte-Anne de la Palud*, au « *Feu de la Saint-Jean* », aux *gens d'Ouessant veillant un enfant mort* se retrouvent des recherches inestimables de Charles Cottet sur les mouvements, le cadre et les costumes bretons.

Pour ainsi se documenter, Charles Cottet s'est mêlé aux gens, s'est chauffé devant les âtres où sont assises la veuve qui pleure et la fiancée qui espère. Il a suivi les « Pardons » qui renouvellent avec tant de poésie les coutumes du Moyen-Age et au cours desquels ceux qui ont oublié leurs prières ont le droit et la joie de s'approcher des sacrements et dans une naïveté admirable, espérer le gain des indulgences. Peu nous importe qu'après les prières,

au sortir de l'Eglise, les fêtes champêtres soient
suivies de beuveries et de divertissements profanes ;
il nous suffira de connaître une fois le caractère des
Pardons de Sainte-Anne de la Palud et de Plougastel
qui ont conservé leur aspect archaïque et fatal, pour
nous convaincre que toute tradition n'est pas perdue
et qu'au nom sacré de l'Art, pour ne pas ici faire
intervenir d'autres questions morales, des âmes
d'élite essaient de la sauvegarder.

Charles Cottet semblait, au cours de ses voyages,
accomplir une mission et il prit autant d'intérêt
dans chaque pays, quelle que soit sa tristesse, quelle
que soit sa désolation, parce que toute ligne porte
en elle une beauté propre et qu'il convient au peintre
de révéler. A l'île de Sein, il n'a pas regardé sans
angoisse la terrible chaussée signalée par le Phare
d'Armen, et le cœur serré, comprit le renoncement
de l'île Basse envahie souvent par les eaux, sans
arbres, où l'orge seul ébouriffe ses épis.

Il a aimé les alignements mégalythiques de Camaret, entre la pointe et le port de Touliguet qu'il a
peint ; il s'est mêlé curieusement au petit commerce
du port où les pêcheurs de sardines boivent sec, et
où les ateliers de construction de bateaux bruissent
tout le jour. A Ouessant, la vieille île, fière de son

phare du XVII° et la baie de Lampaul éclairée par le phare de Créat, Charles Cottet a noté les points d'espérance des longues prairies qui jalonnent la terre âpre et si souvent marâtre, par ailleurs, dans la même contrée. Il a retrouvé le souvenir des Evêques de St-Pol de Léon, maîtres d'Ouessant évangélisés par Saint-Pol.

Il n'est pas étonnant, qu'il ait été séduit, par le côté sinistre de l'Islande où il alla, entre deux campagnes de peintre, et sa palette sut trouver des harmonies vertes et blanches de ce granit traversé par le cercle polaire, étouffé par son manteau de lave et où il n'y a rien, ni fleurs, ou si peu, pas d'arbres, sinon rabougris, où l'on ne récolte même pas de pain ; mais aussi quelle poésie profonde, désabusée, de bravoure et d'abnégation sur cette terre immense dont jes fjords découpent la côte en dentelle aiguë au seuil d'une mer inclémente qui n'a pas vaincu le courage des marins.

Si l'Islande correspond à l'île légendaire de Thulé nous écouterons avec la plainte de la mer le reproche douloureux de l'éternel souvenir.

Mieux que tout autre enseignement, quelques méditations devant les tableaux de Charles Cottet, nous diront l'œuvre écrite ainsi pour la Bretagne, qui mérite mieux que les chansons de biniou rapportées à Paris par de problématiques bardes.

C'est ici qu'il faut tourner les pages d'un beau livre comme nous le disions au début, ou mieux encore, fixer nos yeux sur ces murs garnis de souvenirs qui dureront. C'est la *Vieille Chapelle à Penmarck*, dans une note grise et rude, perdue au seuil de la mer, le ciel en partance avec des nuages lourds. C'est la *Messe basse*, le village chétif et tassé autour de l'église et le cortège des vieilles femmes en capes sombres, tragiques et solennelles, dans le chemin bordé de pierres comme une défense. Le *Deuil marin*, trois visages pleins de renoncement, comme aveuglés de douleur contenue, l'un éteint, et des mains tordues sur le chapelet, l'autre attentif, les yeux encore gonflés de larmes ; la figure centrale dressée, malgré tout, sur des traits de fillette comme la face immobile de l'invincible espoir.

Le grand tableau *Douleur (Le Noyé)* est d'une composition touffue et voulue telle parce que l'architecture même de la peinture, qui va des maisons tassées sous un ciel bas, des bateaux à l'ancre aux voiles tendues, sous un rayon de ciel, à la civière du premier plan encadrée des groupes de gauche et de droite, suivent un rythme de lignes qui se détache en arêtes vives délimitant ainsi de manière concrète et exacte l'expression d'un drame vécu. Il serait facile d'établir un tryptique avec les éléments constitutifs de (l'homme noyé) qui rappellerait de façon saisissante la manière de composition réalisée dans le *Repas des Adieux*. Les notations des *Vieillards de l'Ile de Sein, Mauvaise Nouvelle, Deuil,* de même que *Femme d'Ouessant tenant son enfant mort* et *Femmes et Enfants d'Ouessant,* contiennent en leur netteté, leur unité réfléchie, l'image matérialisée à la fois et pensive, d'une race fidèle qui souffre et se souvient.

De tels visages auraient pu avoir pour cadre les vastes fresques de nature de la vue prise du *Cap de la Chèvre* ou des *Pêcheurs fuyant l'Orage*. Le sentiment dramatique, en effet, ne s'accommode ici d'aucune facilité, d'aucun tape-à-l'œil, d'aucune concession faite à la mode, au léchage coutumier du tableau de genre ou du paysage applaudi. Il constitue seulement un lien étroit entre le spectateur et la scène exprimée, de manière que la communion soit intime entre celui qui créa dans une sorte d'extase et celui qui regarde avec la volonté de voir.

Nous disions tout à l'heure que le fatalisme du

breton était singulier, que les fictions d'enfance sont profondément enracinées en ces cerveaux balayés par le vent comme des grèves ; il nous suffira d'étudier de près *Gens d'Ouessant veillant un enfant mort* pour comprendre quel attachement à ce pays Charles Cottet a voué dans ses œuvres. L'enfant mort a été paré comme une poupée de ses plus beaux habits de fête. Rien ne manque à la joliesse que l'on a voulu arracher à la noire visiteuse : ni une dentelle au bonnet, ni le flot des rubans de soie. Sous les cierges aux flammes d'or, l'enfant est parti dans un rêve et, devant ses pieds, sont disposées les fleurs, non pas en couronne, mais en bouquet d'offrande, cependant que, seul, le rameau de buis rappelle les bénédictions d'adieu, car l'illusion est admirable. L'aïeule, la mère, les parents et les sœurs savent bien que l'enfant retourne à Dieu pour une fête d'éternité et c'est vers de la joie qu'il s'en va.. ..

Nous ne quitterons pas la Bretagne sans saluer d'un adieu ce *Vieux cheval de la lande*, cheval blanc, broutant l'herbe rasée au milieu d'un paysage froid ; son corps ridé, maculé, bosselé, révèle un effort continu ; ses yeux, qui semblent vides, suivent un songe intérieur, le songe des bêtes dont parle Vigny. Il porte les traces de toute la misère qu'il subit et de tout le travail qu'il donna et malgré cela, malgré les coups, malgré la lutte terrible, il est encore là, au seuil de la mer dolente, comme agrippé au sol par ses larges sabots pesants. Seul, *le cheval de mine* de Constantin Meunier peut être comparé à cette page dont le sentiment tragique est prenant comme une mélopée de mendiant.

**

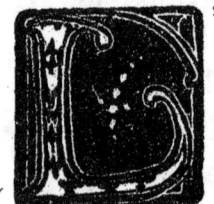'ORIENT, nous entendons par Orient toute exaspération de lumière, devait arrêter Charles Cottet comme imprévu et comme étonnement. Nous ne daterons pas les promenades qu'il fit, soit à Constantinople, soit en Egypte. Nous conserverons aux réalisations qu'il en rapporta tout l'inédit, toute leur plénitude d'expression et toute leur saveur de voyage. Nous saurons seulement qu'en 1905, au Salon des Orientalistes, il exposa un ensemble de 100 morceaux : toiles, études, dessins, consacrés à l'Espagne, l'Italie et Venise, la Haute-Egypte, Constantinople.

Dans l'énorme ville du Bosphore, ville d'Europe et d'Asie au seuil du détroit fameux de la mer de

Marmara, Charles Cottet se laissa aller au rêve le plus enivrant. Et ce rêve il l'a promené dans la Stamboul des Turcs et dans la Galata Péra de la Cité franque où se traîne et meurt le reste de civilisation grecque et juive. Il a vu le Golfe du Bosphore, et le terre plein de la Roumélie, la Corne d'Or franchie par les deux ponts, la muraille héroïque de la Porte d'Eyoub, au château des 7 tours.

Il a contemplé sans crier son admiration, mais en gardant, comme une joie, son intérieur émerveillement, le plus beau site du monde, le Séraï ou Palais tragique des Sultans, la tête pleine encore des souvenirs des paysans et des soldats de Mégare et d'Argos qui fondèrent Byzance. Et, sans s'arrêter aux contes fantastiques qu'agrémente encore la fantaisie de la tradition, Charles Cottet a vu surtout les jardins odorants veillés par les cyprès noirs, les pins murmurants et la haute partie fleurie qui couvre les murailles d'un échevellement de feuilles. Et telles de ses esquisses ont la valeur de très grands tableaux parce qu'elles gardent en reflet la folie des rouges et des verts massés en taches bien placées, recevant dans une harmonie prodigue leur part inoubliable de lumière, d'air et de parfum.

Dans la haute Egypte, le peintre ne s'est arrêté

qu'aux larges ondes d'ombre et de clarté. Le côté géométrique du pays, ses chemins de sable, la ligne crue des pierres, des murs, de l'horizon même, l'ombre hachée des palmiers, l'aridité du paysage, la chaleur étouffante d'une atmosphère qui semble bleutée, un terrain de craie ardente, tout cela, il l'a vu, non pas à la manière des Orientalistes catalogués, qui font du paysage nègre dans les Landes ou près de Marseille, mais avec une attention presque scientifique, habituant sa rétine à la diffusion de la clarté et de l'ombre, sans oublier cependant, que, dans toute composition de plein soleil, l'ombre reçoit une part de lumière à peine saisissable, mais existante, comme une lampe derrière un voile.

Les cartons, les esquisses, les notations, tous ces petits feuillets qui sont la richesse d'un artiste demeurent la preuve d'un travail assidu et s'il place les figures dans un tel cadre, le peintre n'oublie pas que les êtres et les choses baignés d'une même lumière ont une expression différente et soumise à la volonté despotique du soleil.

L'Espagne a attiré Charles Cottet parce que sa passion correspond à la foi d'un pays qui n'a pu écarter de ses souvenirs ni la domination des Maures, ni la fatalité exorcisante des moines. Cottet a compris qu'il y avait autre chose à 'dire que l'histoire des mantilles et des sombreros, des sérénades au clair de lune, et des exploits de cape et d'épée des arènes sanglantes. Il faudrait remonter dans l'histoire espagnole à travers toutes les traditions, pour retrouver une sincérité aussi aride, le mot est exact, dans le rendu du paysage et des villes. Si Cottet s'est évadé des matières convenues, c'est qu'il a appris à l'ombre de Joseph Ribera, de Don Diego Velasquez. de Esteban Murillo, de François Zurbaran, de Alonzo Cano, de Juan de Juanès et de Francisco Ribalta que l'Espagne est plétorique de passions mal éteintes et que ses murs, dans leur rouge misère, suent plus d'histoire, de tradition et d'épopée que tout autre anecdote attachante, aussi bien exprimée fût-elle à travers la lutte des peuples.

L'Espagne, il l'a vue violente, rouge et sombre, avec des clairs de lune aux ombres noires. Regardez Salamanque, sa haute cathédrale, son orgueil indompté de vieille Castille ? Ne croirait-on pas entendre pleurer la cloche sur la mort effective de l'Université et des Evêchés célèbres ; cette ligne sèche, qui se découpe sur le ciel, n'a-t-elle pas un caractère archaïde, et les femmes portant à l'épaule leurs cruches en poterie originale vers la Plaza

Mayor, le Collegio Viejo, la Torre del Clavéro, n'ont-elles pas oublié toutes les splendeurs passées pour ne se souvenir que des traditions de la race ?

Et cette vue d'Avila qui semble une gageure par son unité même, son manque d'agrément, la monoto- mie de sa ligne, la dominante rouge et sombre de sa couleur, n'exprime-t-elle pas comme un grand poème de solitude et d'abandon, la noblesse hautaine de la patrie de Sainte Thérèse, d'où la prière monte au ciel comme une flamme, car ici les jardins sont brûlés et les arbres d'une rareté telle, qu'on peut imaginer le peuple cherchant refuge à l'ombre seule des murs.

Un même sentiment, tout en reflet, sur une pein- ture cependant toute intérieure d'expression se note à travers les pages de Burgos, au climat rude où le vent d'hiver et le vent du sud balaient de la déchéance au pied des ruines du Château Fort. Peu nous importe, les beautés de l'Arco de Santa Maria, la Casa de Mirando, Santa Aguella, la Cathédrale, à laquelle travaillèrent Simon le Colonien, Diego de Siloe, Felipe de Borgogma et le réalisme effarant de son Christ miraculeux. Peu nous importent les gloi- res effacées d'Alphonse III, de Nunio Rasura, Lain Calvo, Rodriguez Porcello, Fernand Gonzalès, qui tint tête aux Maures. Ce que nous savons, et que Charles Cottet a peint, c'est la désolation ardente des murs où s'inscrit l'histoire indestructible, le souvenir tragique et l'oubli tombés en cendres fines sur la ville. Des souvenirs, disions-nous, il n'y a que des souvenirs à Burgos, mais quels souvenirs ! entre mille autres, celui du Cid Campéador, Rodrigo Diaz de Vivar.

Partout où il y a de la foi, de la tradition, et un clacissisme de beauté, si étrange soit-elle, Charles Cottet trouvera le point d'expression ténue et profonde tout ensemble où se joindront pour une œuvre sincère sa sensibilité et son impressionnabilité extérieures. S'il est allé à Venise, le peintre savait à l'avance que tout avait été dit sur l'architecture même, les bigarrures de couleurs, les dissonances séduisantes de l'eau bleue, des murs jaunes et des voiles rouges. Toute l'Ecole de Venise, Le Titien, Antonio Canal, Le Giorgiona, Véronèse, Tintoret, Maroni, Sebastiano del Piombo, Paris Bordone, Schiavone, Licinio, Bellini, Carpaccio, Palma, Turchi, Zelotti, Cima da Conegliano, Lotto, Muziano, Tiepolo, Grivelli, Montegna, Catela, Brusasorci, toute la floraison des peintres du XVIᵉ et du XVIIᵉ siècles avait exprimé l'art classique et le paysage inattendu qui se reflète dans l'Adriatique. Charles Cottet savait qu'il n'y avait rien de plus à Venise, et que les Orientalistes à la remorque de Ziem, imaginant des Venise de Provence, aux Martigues, ou à Aigues-Mortes, font de la mauvaise besogne, même quand la médiocrité est aux gages de l'Etat.

Et pourtant, Charles Cottet a rapporté de Venise des impressions inédites ; nous n'en voulons pour preuve que *les jeunes filles de Murano, les enfants de pêcheurs à Chioggia,* et les esquisses de coins de port où l'artiste a cherché des harmonies et des courbes de couleur qui sont fixées avec une probité exceptionnelle ; les rapports du ciel et de l'eau, les mirages décevants ou de pure folie qui s'établissent entre l'azur étincelant et la mer stagnante des lagunes.

En certaines esquisses que nous avons eu le bonheur de voir, nous avons pu constater les diaphanéités de tons, des légèretés de nuances, qui évoquent la virtuosité de Turner, la chaleur de ses ciels, l'éblouissement poudroyant de ses horizons. Et devant ces études de Cottet, à Venise, nous pourrons lire à haute voix, cette page de Maurice Barrès, fragments d'un livre abandonné sur *La Mort de*

Venise et intitulée "Une Soirée dans le silence et le vent de la Mort".

« La puissance de Venise sur les rêveurs c'est que dans ses canaux livides, des murailles byzantines, sarrazines, lombardes, gothiques, romanes, renaissance, voire rococo, toutes trempées de mousse, atteignent sous l'action du soleil, de la pluie et de l'orage, le tournant équivoque où, plus abondantes de grâce artistique, elles commencent leur décomposition. Il en est ainsi des roses et des fleurs du magnolia, qui n'offrent jamais d'odeur plus enivrante, de coloration plus forte qu'à l'instant où la mort y projette ses secrètes fusées et nous propose ses vertiges.

« A quelques heures de gondole, on peut visiter la brèche où le silence et le vent de la mort, déjà installés, prophétisent comment finira la civilisation venitienne. Dans St-Michel, Murano, Mazzorbo, Burano, Torchello et St-François du Désert, flots épars sur cet horizon désolé, les hommes de jadis essayèrent plusieurs Venises avant de réussir celle que nous aimons, et le chef-d'œuvre se défera comme aujourd'hui les maquettes où ils la cherchèrent.

. . . .

« Au reste, il est impossible de rapporter l'agonie du soleil sur la lagune venitienne. Après s'être prodigué jusqu'à nous contraindre à sortir de notre personnalité, il nous touche le front d'un dernier rayon pour nous dire : "Et maintenant, oublie, il ne faut pas que ces choses soient révélées". C'est alors que nous atteignons les points extrêmes de la sensibilité dont le rare s'élargit, se défait dans l'universel et que notre imagination, à poursuivre le but sans trève reculé de nos désirs, s'abîme dans une lassitude ineffable. La nuit, qui succède à ces aspects extraordinaires, envahit aussi notre cerveau, et leur conjuration ne nous laisse que des souvenirs vacillants.

« Je suis allé respirer un myrthe du désert : comment prouver son parfum dont la poésie provient de ce qu'il se dissipe stérilement et retombe aux miasmes d'un rivage décrié ».

.˙.

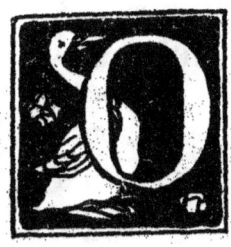ù Charles Cottet voyagera-t-il main-
tenant ; où portera-t-il à la fois son
ardent courage et son désir de
créer ? Ne l'interrogeons pas. Lais-
sons-lui le choix de l'aventure à
vivre car il est à l'âge où possédant
admirablement son art, maître de son expression,
il s'assimilera, où qu'il aille, la beauté caractéris-
tique d'un pays ; il verra ce dernier sous un angle
parfois insoupçonné et qui cependant sera dans la
vérité : La nacre d'un coquillage perdu n'a-t-elle pas
les reflets du ciel et de l'eau ? Telle pierre gravée,
usée, effritée par le temps, n'évoque-t-elle pas à nos
yeux la splendeur d'un palais détruit ? Tout un
monde véritable ne vit-il pas à la minute ou par-delà
le temps, notre esprit rejoint une race, une civilisation ou un art ? Tout, dans le génie est, croyons-
nous, une question de tact, de choix et de sincérité.
Nous resterons donc dans l'atelier de Charles
Cottet. Ce sera pour nous une halte exquise. —
Nous y verrons des portraits : *La Jeune fille au
grand chapeau*, *L'Effet de lampe*, *Portrait gris et
noir*, *toutes les têtes de marins*, *des gens d'Ouessant*,

de Sein et de Camaret, le Portrait de Lucien Simon, Crépuscule, etc., etc... Et à travers toutes ces pages, qui sont autant de documents d'expression, nous découvrirons le souci de rendre vrai, de donner un reflet d'âme au visage et cela, sans souci de décor, sur la neutralité d'un fond, une simple indication d'atmosphère, mais toujours large, simple, sans grâce néanmoins.

Dans les cartons, il nous sera permis de feuilleter les grandes estampes, les eaux-fortes, copies de ses tableaux qui réclamèrent à Charles Cottet un effort soutenu d'artisan ; mais nous aimerons surtout les petits cahiers, la liberté et la belle franchise des feuillets d'album, où le peintre s'est exercé à tous les procédés de l'eau-forte et a obtenu des résultats considérables.

Des études peintes de la Savoie (Les Alpes, le lac Léman, le Rhône, les Hautes Montagnes) dérouleront des panoramas simples et émouvants, de lourdes lignes arrêteront les horizons, creuseront les vallées du Rhône et de l'Isère et les plaines grasses et vertes au long des fleuves, que jalonnent les sapins, les mélèzes, les hêtres et les châtaigniers. Les paysages français du Jura avec ses deux régions distinctes, la montagne et la plaine, ses fleuves et

ses ruisseaux impétueux, ses champs fauves, ses
grands labours, ses vignobles au flanc des collines,
évoqueront encore mille souvenirs. Car, l'impres-
sionnisme de Charles Cottet est un rappel de promenade, la page notée, quelle que soit son importance,
pour ne pas oublier l'heure vécue. L'artiste a été
attiré par les recherches assez spéciales sur la
constitution du sol, la proportion des objets, leurs
rapports entre eux, définis à grandes lignes et par
tons soutenus. Et l'artiste a été séduit beaucoup
plus par le volume des objets que par leur propre
reflet dans une composition (Esquisses d'Espagne).
Cela le différencie des maîtres modernes les plus
grands mais qu'il égale par un autre aspect de son
talent et qui ont tout sacrifié à l'atmosphère, à la
lumière et à la division du ton. A mon sens, certaines
de ses pages le rapprochent de Cazin, par la belle
tenue, l'arrangement, la méthode et l'ordre qui
présidèrent à leur réalisation, quoique plus rudes et
plus écrites. Les « Marines », entre autres, aussi
diverses et aussi nombreuses, témoignent de cet
effort particulier. Et nous sentons que sa manière
est dégagée de toute influence, qu'elle est bien à
lui, qu'elle a été l'expression d'un esprit autant que
d'un tempérament, qu'il a eu la joie de peindre pour

lui d'abord, et que cette joie est double puisque nous en sommes émus.

La conférence fut faite le 12 Mars 1911, à Paris, rue Cassini, 10, dans l'atelier de Charles Cottet.

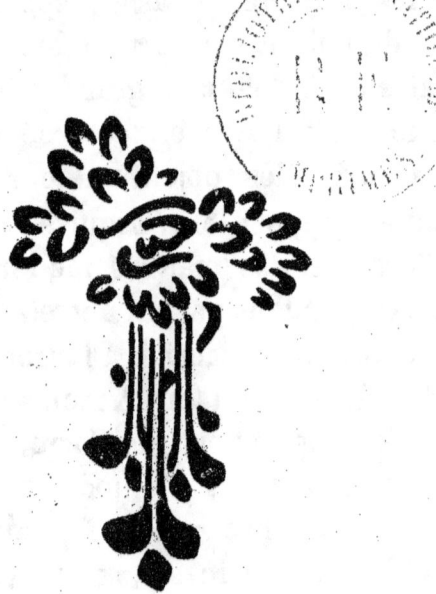

TABLE

ACHEVÉ
D'IMPRIMER
par
VANDROTH-FAUCONNIER
A LILLE
le
20 MAI
1912

www.ingramcontent.com/pod-product-compliance
Lightning Source LLC
Chambersburg PA
CBHW071419220526
45469CB00004B/1337